Renier-Fréduman Mundil
101
Weihnachtsgedichtbäume
gegen das Poesiewaldsterben

Gedichte

AF191639

Renier-Fréduman Mundil

101
Weihnachtsgedichtbäume
gegen das Poesiewaldsterben

Gedichte

Impressum

Bibliografische Information der Deutschen National-
bibliothek:

Die Deutsche Nationalbibliothek verzeichnet diese
Publikation in der Deutschen Nationalbibliografie; de-
taillierte bibliografische Daten sind im Internet über
http://dnb.dnb.de abrufbar.

© 2024 Renier-Fréduman Mundil
        Viola Hartmann

Illustration: Helen Kühmstedt, Marie Kühmstedt Isley
Schuh, Mayliv Schuh

Umschlagsgestaltung: Ilka Cierpka, Berlin
Cierpkagrafik.de

Verlag: BoD · Books on Demand GmbH,
In de Tarpen 42, 22848 Norderstedt
Druck: Libri Plureos GmbH, Friedensallee 273,
22763 Hamburg

ISBN: 978-3-7597-8390-5

Für

Meinen Schwiegervater

Mehr als eine beeindruckende Persönlichkeit

Vorwort

Besinnliches und Unbesinnliches, nichts Sinnliches, eher angedeutetes Übersinnliches, Sinniges und Unsinniges, alles steckt in Weihnachten und sollte deshalb auch in den vorliegenden Gedichten zu finden sein. Egal, wie Augen, Herz oder Verstand Weihnachten betrachten, es ist auf jeden Fall ein Fest der Sinne. Augen, die plötzlich Nichtsichtbares schauen. Geschmackssinne, die ein oder mehrere Jahre zurückdenken, um sich an einen besonderen oder seltenen Geschmack zu erinnern. Ohren, die im Klang festlicher Musik erstrahlen. Hände, die über feine, weiche Stoffe gleiten und, und, und. Weihnachten steht aber ebenso für ein Fest, das sich wie kein anderes vom ursprünglichen Grund entfernt, teilweise sogar bereits abgekoppelt hat.
Wenn diese Zeilen helfen, eine kleine lichtgeschmückte Hängebrücke zurück zum geheimnisvollen wundervollen Ursprung der Weihnacht zu bauen, will jeder der hier auftretenden Buchstaben voll Dankbarkeit ein frohes, fröhliches Weihnachten wünschen, den Augen und Ohren, den Händen und besonders den Herzen.
Zum Kern der Weihnacht zurückzugehen bedeutet zu verstehen, warum es ein frohes und ein fröhliches Fest ist.

Merry Christmas allen zum Ursprung zurückgekehrten bzw. zurückkehrenden Augenherzen dieser Zeilen. Und für diejenigen, die das Buch nicht nur zu Weihnachten lesen:
Ein frohes, fröhliches, sinnreiches Leben!

1.

Zum Quelllicht

Wie dunkel muss die Zeit nun sein,
Damit die Kerzen leuchten.
Der Frost treibt uns ins Haus hinein,
Wo Weihnachtsglocken läuten.

Der Himmel sandte uns ein Licht,
Kaum einer wollt' es haben.
Im Innern schenkt es neue Sicht,
Wirst Du's im Herzen tragen.

Die Engel und die Hirtenschar
Kehr'n jede Weihnacht wieder
Und bringen auch in diesem Jahr
Den Frieden zu uns nieder.

2.
Abgezählte Weihnacht

Die Pracht
Des Sterns von Bethlehem,
Das Hör´n
Der Engelposaunen,
Das Raunen
Der Hirten auf dem Feld,
Die weite Welt
Von Frieden erfüllt,
Das Bild
Vom kleinen Stall,
Der Schall
Der Engelschöre,
Die Schneewehe
Auf der Straße,
Das nasse
Stallzimmer,
Der Schimmer
Aus der Ewigkeit,
Das Leid
Der Verlorenen,
Die Gaben, dem Neugeborenen
Kind gebracht.
Das alles ist Weihnacht
Und wird es auf ewige Zeiten
Bleiben.

3.
Friedensbrille

Weihnachtsstille!
Die Brille,
Um im Leben
Den Frieden zu sehen.

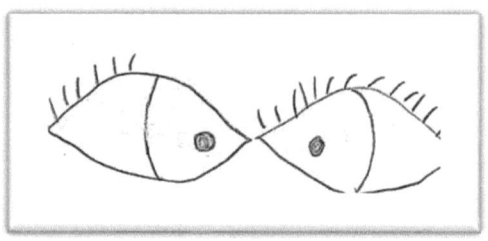

4.
<u>Amtsweihnacht</u>

Der Weihnachtsmann
Kam
Mit sich überein,
Wegen sein´n
Rheumakranken
Gelenken abzudanken.
Oder das Fest
Bis zum Rest
Seines Lebens
Eben
In den Sommer zu verschieben.
Doch seine Anträge blieben
In den guten
Himmelsschimmelamtsstuben
Verschwunden.
Sie wurden lange nicht gefunden.
Er erhielt zunächst weder später noch
sofort
Eine positive Antwort,
Bis irgendwann
Ein Himmelamtsstubenschreiben ankam.
Darin stand geschrieben,
Die Wissenschaft habe inzwischen
bewiesen,
Mit Kältegraden

Sei dem üblen Rheuma zu schaden.
Er müsse deshalb verstehen,
Sein Antrag sei abzulehnen.
Aber wegen seiner Klagen
Habe man Petrus aufgetragen,
Dass es jedes Jahr kälter wird,
Damit er sein Rheuma nicht länger spürt.

5.
Auferzählte Weihnacht

Weihnachten!
Die Hirten wachten
Die Sterne schienen
Die Schafe schwiegen
Die Ställe krippten
Die Arme wippten
Die Straßen menschten
Die Tannen kränzten
Die Kerzen flammten
Die Engel sandten
Die Schlitten spurten
Die Rentiere murrten
Die Wolken schneeten
Die Herzen lebten
Die Kugeln bunteten
Die Braten mundeten
Die Läden schenkten
Die Tiere R(r)enten
Die Stollen süßten
Die Ochsen schnieften
Die Esel stallten
Die Gewänder wallten
Die Kinder augten
Die Wünsche bauten

Die Träume dachten (:)
Oh, Weihnachten!

6.
Bescherte Liebe

Jauchzet ihr Enden der Erde!
Damit es Friede werde
Ist uns ein Kind gebor´n.
Von Gott selbst auserkor´n
Wird es jede Not erleiden,
Für uns zu erreichen,
Dass wir nicht verloren sind.
„Es ist nur ein Kind,"
Wird die Welt sagen.
Doch seit ewigen Tagen
Ist nichts dergleichen gescheh´n.
Hirten werden das Kindlein seh´n,
Könige werden vor ihm knien,
Vor Herodes wird es nach Ägypten flieh´n,
Doch wird es bald zurückkehren,
Das Gesetz der Liebe zu lehren.
Von Bethlehems Stern erhellt,
Erstrahlt bei seiner Geburt die Welt.
Die Engelchöre werden erklingen,
Ihm Ehre und Preis darzubringen.

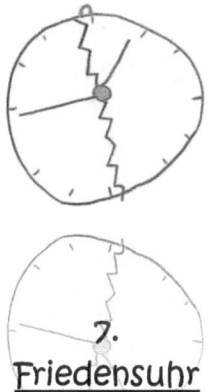

7.
Friedensuhr

Weihnachtszeit!
Warum bleibt
Die Uhr nicht stehen?
Dass wir ewig Frieden sehen.

8.
Bestellweihnacht

Lieber guter Weihnachtsmann
Bring mir ein Stück Marzipan.
Meiner Schwester eine Puppe,
Den Waldtieren die Sternschnuppe.

Bring mir auch die Eisenbahn,
Der Schwester den weißen Schwan.
Bring den Eltern gute Gaben,
Stollen und Lebkuchenwaren.

Bring mir einen großen Ball,
Der Schwester den warmen Schal.
Bring den Menschen ihren Frieden,
Herzen, Küsse, von den Lieben.

Bring den Sack mit Leckerei´n,
Meiner Schwester das Sparschwein.
Bring den Alten Kinderaugen,
Weihnachten ganz neu zu schauen.

9.
Christkrippe

Die Krippe
Stand in der Mitte
Vom Stall.
Von überall
Kamen die alten Bewohner vom kleinen Raum
Zu schau´n,
Was sich bei ihnen zugetragen hatte.
Das matte
Licht
Reichte nicht,
Sie zu unterscheiden.
In Lichtkreisen
Erschien der Floh
Genauso
Groß wie das Schaf.
Alles warf
Denselben Schatten
Auf die grauen Strohmatten.
Obwohl der Unterschied
Zwischen allen blieb,
Spürten sie dieselbe Kraft,
Die sie erschaffen hat
Und von einem kleinen Kind
Ausging.

10.
<u>Gegangene Engel</u>

Weihnachtslieder!
Engel stiegen vom Himmel nieder,
Damit die Menschen sich lieben.
Doch warum sind sie nicht geblieben?

11.
Christnachtboten

Niemand sah die Engelboten,
Die vom Himmel oben
Auf die Erde niederstiegen.
Wo sie abgeblieben
Sind, konnte auch keiner sagen.
Der Sternenwagen
Am Himmel sah wie immer aus.
Nirgendwo am weiten Himmelshaus
Wurde ein Stern vermisst.
Der Himmel verschließt
Dieses Geheimnis vor unseren Augen.
Engel sind doch immer zu schauen.
Und in der stillen Weihnachtszeit,
Trägt da nicht jeder ein Engelkleid?

12.
Festlicher Gegensatz

Weihnacht
Die stille Pracht
Der arme Stall
Der Posaunenschall
Das Engelslied
Die karge Wieg´
Die drei Weisen
Die stummen, leisen
Josef und Maria
Die Engelschar
Der grausame Herodes
Das prunkvolle Weihnachtsfest
Der Kindermord
Die offene Himmelpfort´
Die grausamen Soldaten
Das lange Warten
Das alles ist Weihnacht
Ich hätte es nie gedacht

13.
Christrose

Lose
Hing die Christrose
Über dem Blumentopf.
Ihr weißer Kopf
War verwelkt.
Aus dem Wolkenfeld
War lange kein Regen gefallen.
Plötzlich zog ein Wirbel aus Schneekristallen
Durch die Luft.
Überall legte sich ein weißes Tuch
Nieder,
Überzog auch die Christrose wieder
Mit einem weißen Gewand.
Das Grau verschwand
Als die Schneeflocken schmolzen.
Sie rollten
Als weiße Farbe
Über jede graue Narbe
Der Christrosenpflanze.
Bald tanzte
Ihr strahlender Kopf
Mit einem langen weißen Zopf
Durch die Luft und verband
Sich mit der weißen Schneeflockenwand

Zur strahlenden Pracht
Der hellen Weihnacht.

14.
Geschenkbaum

Weihnachtsstollen!
Aus dem Vollen
Schöpfen,
Bis die Fetzen
Fliegen
Und alle (betrunken) unterm Tannenbaum
liegen.

15.
<u>Engelsorge</u>

Der kleine Engel
Hielt den Stengel
Einer Eisblume in der Hand.
Im ganzen Land
Gab es keine Blumen mehr,
Alles vom Frost leer
Gepflückt.
Zum Glück
Wuchsen jetzt die Eisblumenkristalle.
Er würde zum Stalle
Fliegen,
Wo das Kind in einer Krippe liegen
Sollte.
Hoffentlich rollte
Der Himmel nicht die Wintersonne hervor,
Sonst verlor
Die Eisblume ihren Glanz
Und er würde mit ganz
Leeren
Händen vor dem Kinde stehen.

16.
Erlärmte Stille

Von Nah und Fern
War der Lärm
Zu hören.
Rentiere zogen den schweren
Schlitten durch die Luft.
Laut ruft
Jemand:" Hoooh, Hoooh, Hoooh,
Sagt mir, wo
Finde ich all die Kinderhände,
In die ich meine Geschenke
Legen kann?"
Irgendwann,
Nach etlichen Stunden,
War der Lärm verschwunden,
Nur noch die Schlittenspur zu seh´n.
Aus den Stuben weh´n
Zimt und Rosinenduft
In die kalte Winterluft.
Und wenn jemand die Augen spitzt,
Sieht er noch eine rote Weihnachtsmütz´
In den Wolken verschwinden.
Hört eine ferne, tiefe Stimme singen:

„Hoooh, Hoooh, Hoooh,
Froh(e)
Weihnacht
Allen unter´m Weltendach!"

17.
<u>Goldenes Weihnachtskalb</u>

Weihnachtsgans!
Der Tanz
Um´s goldene Kalb
Macht auch vor Weihnachten nicht halt.

18.
Ersehnte Weihnacht

Weihnacht,
Wann lacht
Wieder der Stern von Bethlehem?
Wann hör´n
Wir wieder Engelchöre,
Statt der Leere
Des täglichen Radioklangs?
Wann wird sich unser Gesang
Mit dem der Engel mischen?
Wann werden von unseren Tischen
Geschenke statt Brotkrumen
Auf den Boden
Von allen
Armen fallen?

19.
Ertrunkene Weihnachtsfreude

Weihnachtspunsch!
Die Kunst,
Mit ohne Alkohol das Herz zu erwärmen,
Vom Stillen laut zu schwärmen.

20.
Erstes Weihnachtskonzert

Weihnacht,
Das Kind lacht,
Aus den Nasen
Von Ochs und Esel waren
Luftblasen
Aufgestiegen.
Sie blieben
Wie eine Leiter aufeinander.
Und wie die Augen des Kindes über sie wan-
dern
Zerplatzt jede Blase mit einem Ton.
Schon
War
Das
Erste Weihnachtslied erklungen,
Von Ochs- und Eselnasen gesungen.
Weil es so einfach ist,
Gibt
Es überall Musik,
Wo der Atem aus der Nase steigt
Und das Auge sich damit die Zeit
Vertreibt.

21.
Gesternte Weihnacht

Weihnacht!
Der Stern wacht
Über uns.
Die Kunst
Des Lebens ist,
Dass man die eigene dunkle Seite nicht ver-
gisst.
Wir werden zu dem Stern
Einmal zurückkehr´n.

22.
Ewigkeitsgeschäft

Weihnachten kam,
Doch als die Engel sich die Erde besah´n
Konnten sie nicht glauben,
Das zu schauen.
Wo vor zweitausend Jahren
Ihre Botschaften verkündet worden waren
Aus Weihrauch und Myrrhe,
War das Geklirre
Von tausenden Geschenken
Geworden. Statt an Weihnacht zu denken
Duftete es nach Parfum.
Nur beim
Gold war alles beim Alten geblieben.
Statt der Hirten rieben
Sich Kaufleute die Hände.
Alles war im Geblende
Einer scheinenden Welt verschwunden.
Das hatten die Engel vorgefunden.
Und so blieb statt der Engelchöre
Das leere
Geklingel von sich drehenden flachen
Scheiben
Übrig, das allen zeigen

Sollte, warum manche so freudig an Weih-
nachten
Dachten.

23.
Kerzenscheidung

Weihnacht!
Die letzte Kerze war ausgemacht
Und damit der Frieden
Wieder von der Erde geschieden.

24.
Ewigkeits-Schnelldurchlauf

Nun schlaf
Mein kleines Schaf,
Der Tag
Hat nur die Weih-Nacht
Vom Himmeldach
Zur Welt gebracht.
Die auf Erden
Leben,
Werden
Kurze Zeit den Himmel sehen.
Aus der Ferne
Bringen Sterne
Ihre Wärme.
Alles bleibt
In dieser Zeit
Vor dem Kind tief verneigt.

25.
Festlicher Machtbruch

Weihnachten,
Die Heiligen Drei Könige brachten
Weihrauch und Myrrhe
Und die Hirten die Stille
Des Feldes.
Um des Geldes
Willen sollte er auf Erden
Verraten werden.
Denn er ward gebracht,
Die Macht
Der Mächtigen zu brechen
Und stattdessen
Den Frieden unseres Gottes zu verkünden.
Um ihn zu finden,
Muss man verstehen,
Auf seinen Spuren zu gehen
Und mit all seinem Vertrauen
Auf ein Kind zu bauen.

26.
Floh-Weihnachtsarie

Ein kleiner Floh,
Er saß dort, wo
Jetzt das Jesuskind liegt.
„Darf ich Dir ein Lied
Singen?" flüsterte er.
„Doch es ist lange her,
Dass sich Menschen über meine Lieder
freuten.
Dabei gehöre ich zu seinen treuen
Begleitern."
„Dann ist es gescheiter",
Erwiderte das Kind,
„Deine Lieder sind
Nur für mich zu hören.
Niemand wird sich beschweren,
Da niemand weiß,
Dass du mich mit Liedern preist".
Der Floh beginnt
Und auf dem Gesicht des Kindes sind
Lachfalten zu sehen.
Welch friedliches Leben
Im kleinen Stall.
Bald sind von überall
Die Flöhe gekommen
Und haben dem frommen

Kindlein ihre Kunststücke gebracht,
Damit es die lange Nacht
Von Herzen lacht.

27.
Restweihnacht

Das Weihnachtsfest
Gibt so manchem den Rest.

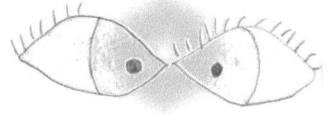

28.
Gabenlast

Weihnachten!
Alle brachten
Ihre Last.
Die Rast-
Losigkeit,
Das Leid,
Tränen,
Vergebliches Sehnen.
Das Kind
Nimmt
Alles als Gaben.
Seitdem haben
Die Augen
Hoffnung zu schauen.
Trotz der Welt,
Die nichts davon hält
Und weiter zerfällt.

29.
Gefragte (?) Weihnacht

Wird nächste Weihnacht noch Frieden sein?
Wird der Schein
Des Sterns
Den Lärm
Überstrahlen?
Ist Knecht Ruprecht wie immer beladen,
Oder wird Hunger das Land überzieh´n?
Werden die Müh´n
Des Alltags schweigen?
Kein Schreiben,
Das beantwortet werden muss?
Kein Verdruss
Über Ämter und Behörden,
Die sich mit Beschwerden
An uns richten.
Werden wir einfach nur im schlichten
Kerzenschein steh´n
Und hör´n,
Wie Engelchöre
Die Leere
Der Welt stillen
Und mit Liebe füllen?

30.
Weihnachts(be)trunk

Weihnachtsfeier!
Die alte Leier.
Sich betrinken
Und in Sentimentalität versinken.

31.
Stubenwechsel

Die gute
Stube
Wurde zum Weihnachtstraum.
Der Raum
Glänzte überall
Wie der Saal
Einer Königin.
In der Mitte der Tannenbaum.
Ein Wattesaum
Hatte ihn schneeweiß überzogen
Und oben
Thronte der Stern,
Der den Herrn
Als Kind gesehen hatte.
Goldene Watte
Bildete seinen Schweif,
Aus den Zweigen tönte leis´:
„Es ist ein Ros´ entsprungen".
Von tausend Engelfiguren gesungen.

32.
Gekaufte Weihnacht

Weihnacht!
Wer hätte gedacht,
Dass aus einem armen Stall
Überall
Prunkvolle Kaufhäuser entstehen?
Bis alle sich danach sehnen,
Es gäbe doch überall
Nur noch den kleinen schlichten Stall.

33.
Gegangene Weihnacht

Der erste Schnee fiel auf den Weg.
Es war spät
Geworden.
Von Norden
Zogen kalte Winde auf,
Die um das kleine Haus
Kreisten.
Die bald verschneiten
Wälder
Schmiegten sich an die Felder.
Vor zweitausend Jahren
Waren
Hier Hirten und Engel gestanden.
Doch die Menschen kannten
Die Geschichte nicht mehr.
War es damals genauso schwer,
Auf das Kind zu sehen,
Um das Leben
Zu verstehen
Und den Frieden zu vernehmen?

34.
Selbstbetrug

Wei(h)nnicht!
Wer das Weihnachtslicht
Anmacht, muss sich
Darum auch sorgen,
Sonst hat er sich selbst betrogen

35.
Geherzte Kerzen

Weihnachtskerzen!
Friedliche Herzen.
Ein schöner Traum,
Nur kurz zu schau´n.

36.
GutPut

Weihnachtspute!
Die Gute
Wäre gut beraten,
Als Braten
Bei den Reichen zu landen.
Hier fanden
Sich für den Rest
Vom Verdauungsfest
Weichere Servietten
Und goldenere Toiletten.

37.
Gepostete Weihnacht

Weihnachtspost.
Der Rost
Ist treuer
Als manch neuer
Freund
Der meint,
Zu Weihnachten schreiben
Heißt Freundschaft zeigen.

38.
Getönte Weihnacht

Ich bin schon weit gegangen,
Im Norden, in der Fern,
Wo Weihnachtslieder klangen
Zur Ehre unsres Herrn.

Hab´ Engel dort gesehen
In einem goldnen Kleid,
Auf zugeschneiten Wegen
Zur stillen Weihnachtszeit.

Ich folgte manchen Spuren
In dieser Winterzeit,
Fand manchmal mich verloren,
Erdrückt von Not und Leid.

Doch leise Engelsstimmen
Erklang´n in meinen Ohr´n,
Von Fried und Freud sie singen,
Selbst wenn wir geh´n verlor´n.

In dieser Heil´gen Weihnacht
Denk ich an meinen Herrn,
Unter der weiten Sternpracht
Ist nun sein Lob zu hör´n.

39.
Gewalt(ige) Weihnacht

Weihnachten kam
Und alle sah´n,
Dass es auf der Erde
Keinen Frieden geben werde.
Wie ehedem
Leuchtete der Stern von Bethlehem
In der Erinnerung
Und tat allen Menschen kund,
Warum das Kind geboren ward.
Doch die Menschen blieben hart,
Überzogen
Den Himmelsbogen
Weiter mit Krieg und Neid.
Die Engel wurden es leid,
Die Weihnachtsbotschaft zu bringen
Und ihr Hallelujah zu singen.
Seitdem gab es Weihnachten eine seltsame
Stille.
Statt Frieden in Fülle
Gab es eine Leere,
Die auch durch Heere
Von Geschenken nicht zu füllen war.
Deshalb stieg die Schar
Der Engel noch einmal auf die Erde nieder
Und wieder

Verkündeten sie überall
Mit Posaunenschall,
Dass der Herr auf die Erde
Kommen werde,
Diesmal für alle Zeiten,
Den Frieden zu bereiten.

40.
Geweihter Nachtblick

Weihnachten.
In der Nacht erwachten
Die Hirten.
Sie spürten
Das Besondere dieses Augenblicks.
Unentwegt
Stiegen Engel vom Himmel hinab.
Bald ward
Es ein stattlicher Chor.
Zum Himmel empor
Stieg das Engel-Hallelujah
Und war
Überall zu hören.
Auf jeden
Verlassenen Ort senkte sich die Musik.
Das Lied
Der Engel erklingt noch immer,
Wenn der Weihnachtsschimmer
Die Erde überzieht.
Nur dass es kaum noch Zuhörer gibt.

41.
Halbzeitwelt

Kalt war es im Stall.
Überall
Nasser Rauch,
Der aus
Den Nasen stieg.
Jeder vermied
Es, an der Wand zu stehen.
Dort ließ sich jedoch sehen,
Wie aus weiter Fern
Der Bethlehemstern
Nahte.
Er hatte
Den Auftrag,
Den Tag
Der Geburt zu verkünden.
Ihr werdet das Kind finden
Im muffigen Stroh.
Dort wo
Sonst nur Tiere sind,
Beginnt
In der Mitte der Zeit
Das Ende von Sorge und Leid.

Das Kind wird Hölle und Tod besiegen.
Es wird für alle im Grab liegen.
Alle Trauer, alles Leid,
Versiegt auf ewig in der Weihnachtszeit.

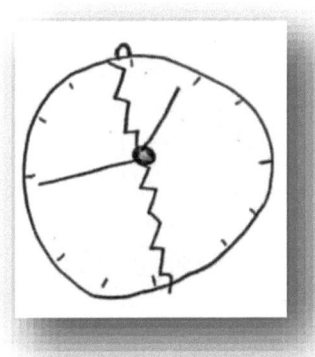

42.

Himmelweihnacht

Die Pracht
Der Himmelssterne
Leuchtet von Ferne.
Engelschall
Über dem kleinen Stall.
Ochsengebrumm
Um
Die kleine Krippe,
In ihrer Mitte
Das Kind.
Hirten sind
Niedergekniet.
Der Engel Lied
Verkündet allen Ohren:
Der Herr ist heute geboren.

43.
Kostenlose Offenbarung

Weihnachtsgeld!
Auf dem Feld
Waren die Hirten.
Sie spürten
Auch ohne Geld,
Der Herr der Welt
War erschienen,
Für sie zu sühnen.

44.
Kindheitsweihnacht

Rosinenduft
Ruft
Mich wach.
Es ist noch Nacht,
Mutter backte schon.
Der Lohn
War der Glanz in unseren Augen,
Der Weihnachten zu schauen
War,
Wenn wir als Kinderschar
Um den Baum liefen
Und erst einschliefen,
Nachdem alles verzehrt war.
So ging es Jahr für Jahr,
Bis ihre Hände schwiegen.
Geblieben
Sind uns wundersame ferne Träume,
Die kleinen Räume
Wie aus einem Märchenbuch,
Unser nie mehr trockenes Taschentuch.

45.
Konjunkturweihnacht

Weihnachtsmarkt!
Heute spart
Die Welt
Kein Geld.

46.
Kindlicher Gesandter

Nun hoffe meine Seele,
Bedenk´ nicht mehr die Leere,
Die hinter dir jetzt liegt.
Bald werd´n die kurzen Tage
Länger als die Nachtklage,
Der Weihnachtsstern die Nacht zerbricht.

Er kommt vom Himmelsbogen
Geschickt von Gott, der oben
Über dein Leben wacht.
Er wird uns Seinen Segen
Mit einem Kinde geben,
Dem Er verlieh die eigne Macht.

Es wird im Stalle liegen,
Wird in der Kälte frieren,
Weil es kein´n Schlafplatz hat.
Doch werden Hirten kommen,
Mit ihn´n die Sternensonnen
Mit warmem Licht zu füll´n den Platz.

47.
Lichts(s)(ch)all/Lichterschall

Weihnachten kam.
Alle sah´n
Den Stern von Bethlehem.
Der Lärm
Der Welt verschied
Und das Lied
Der Engel überstrahlte das Himmelsgewölbe.
Sie hatten ihre Bleibe
Bei den Tieren genommen
Und alle Sonnen
Im unendlichen Himmelsraum
Leuchteten, um das Kind zu schau´n.

48.
Kommen der Weihnacht

Hört doch, ihr lieben Kinder,
Ich sah den Weihnachtsmann.
Er fuhr rasch und geschwinder
Als eine Eisenbahn.

Ich sah den Rentierschlitten,
Den großen Weihnachtssack.
Mit riesengroßen Schritten
Trug er ihn huckepack.

Ich sah die Engelscharen,
Hörte den Flügelklang,
Mit Gaben voll beladen,
Ihren Weihnachtsgesang.

Legt ihr nun eure Ohren
Ganz leise an die Tür,
Hörst du, vom Himmel droben
Kommt Weihnachten zu dir.

49.
Prachtzeit

Weihnacht!
Pracht
Und Leid,
Alles ist die Weihnachtszeit.

50.
Königsweihnacht

Kein Klatschen war zu hören,
Als die vornehmen
Heiligen Drei Könige erschienen.
Unter Mühen
Hatten sie sich aufgemacht,
Einen Teil der ersten Weihnacht
Zu begründen.
Während Engel den Frieden verkünden,
War ihre Botschaft,
Dass jeder all´ seine Kraft
Dem Nächsten gab.
Der Nachweihnachtstag
Mit Weihrauch
Und auch
Mit Myrrhe
War das stille
Versprechen,
Sich dessen
Zu erinnern,
Damit ein Schimmer
Der herrlichen Ewigkeit
Das große Leid
In der Welt
Schon jetzt erhellt.

51.
Kopflose Weihnacht

Der Weihnachtsmann hatte sich seinen gro-
ßen
Kopf gestoßen,
Bevor er dieses Jahr zur Bescherung kam.
Er nahm
Die ersten beiden Geschenke,
Dabei senkte
Er seine Stimme mit jedem Wort:
„Diese Geschenke sind für den Papierkorb!"
Er nahm die beiden
Und warf sie durch die Fensterscheiben
Nach draußen,
Wo schon ein großer Haufen
Anderer Geschenke lag.
„Hier hab´
Ich was
Für Max",
Sagte er weiter,
Lachte heiter
Und übergab Max einen Puppenwagen.
Es half kein Klagen,
Mutter bekam eine Seidenkrawatte,
Für Vater hatte
Er ein neues Kleid dabei.

„Einerlei !"
Rief er dann
Und nahm
Das letzte Geschenk aus dem Sack.
„Da hab´ ich aber Glück,"
Sagte er entzückt,
„Ich denk,
Das ist mein Geschenk!"
Mit diesem Worte
Entfloh er aus der Gartenpforte.
Eine verkehrte verrückte Weihnacht
Hatte er dieses Jahr allen gebracht.
Und das ganze bloß
Wegen einem versehentlichen Kopfstoß.

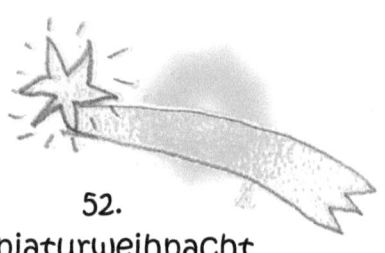

52.
Miniaturweihnacht

Der Stern von Bethlehem,
Er war nur kurz zu hör´n,
Dann verschwand er im weiten All.
Der Engelschall,
Er war nur kurz zu hör´n
Und manche schwör´n,
Es hat ihn nie gegeben.
Das Leben
Der Heiligen Drei Könige,
Es waren nur wenige,
Die das Kind gesehen haben.
Das Klagen
Der Mütter von Rama,
Es ist noch immer da.
Gleicht unser Weihnachtsfest
Nicht eher einer Feier des Herodes?
Millionen werden vertrieben,
Obwohl der Herr erschienen
Ist -
Mit ewigem Licht.

53.
Weihnachtsalb

Weihnachtsbraten
Und das Warten
Unterm Weihnachtsbaum;
Für manche ein Albtraum.

54.
Weihnachtssommerbaum

Was macht ein frommer
Weihnachtsbaum im Sommer?
Er schmückt sich
Mit Sternenlicht,
Um sich beizeiten
Weihnachtlich vorzubereiten.

55.
Naturpuder

Ein einziges Schneeflöckchen
Hatte sich ein weißes Röckchen
Angezogen. Die anderen Regentropfen
Hockten
Noch immer in ihrem grauen Gewand.
Mit seiner Hand
Berührte das Schneeflöckchen
Ein anderes Regentröpfchen.
Gleich verwandelte sich dieses in ein Eiskris-
tall.
So ging es weiter bis überall
Weiße Flocken aus den Wolken fielen.
Im kalten Nordwind trieben
Sie über die eingeschlafene Erde,
Damit nun Weihnacht werde.
Alles erhielt ein neues Gesicht
Aus einer weißen Puderzuckerschicht.

56.
Ohr-Öffner

Hörst du schon Knecht Ruprechts
Schlitten?
Rauscht durch Wolken und durch Wind,
Durch der Wälder grüne Mitten,
Wo die Weihnachtsbäume sind.

Hörst du schon die Engelschöre?
Aufgetan das Himmeltor,
Lichtgefüllt nun jede Leere,
Die Nacht ihre Angst verlor.

Hörst du schon die Kinderstimmen?
Flüstern leise wie der Schnee,
Da sie seh´n mit reinen Sinnen
Den verschneiten kleinen See.

Hörst du schon dein Herz dich fragen,
Gibt´s die Weihnacht oder nicht?
Sieh, seit über tausend Jahren
Bringt die Zeit das Weihnachtslicht.

57.
Pekuniäre Weihnacht

Lieber guter Weihnachtsmann,
Hab´n
Deine Engel die Inflation bedacht?
Und hast du 10 Prozent mehr mitgebracht?
Nimm nicht das Ungeheuer,
Die Mehrwertsteuer,
Als Ausrede.
Denn jede
Weihnacht kommst Du aus dem Himmel,
Wo es keinen Geldschimmel,
Gibt.
Darum beglück´
Uns nur
Wie zur Geschenkhochkonjunktur.

58.
Weihnachtsblässe

Weihnacht!
Die Kerzen sind ausgemacht.
Auf einmal war
Wieder die dunkle Zeit da.

59.
Pflichtweihnacht

Das Weihnachtsfest
Gab uns den Rest.
Es hieß zu kochen,
Was die Gaumen mochten,
Mandeln zu hacken,
Tausend Nüsse zu knacken.
Die Festtagskleider herauszuputzen,
Den Christbaumständer senkrecht zu
benutzen,
Das Haus mit Kerzen zu versehen,
Mal wieder in die Kirche zu gehen.
Und immer wieder einzukaufen,
Alles zu verschnür´n mit Geschenkschlaufen.
Unendlich viele Briefe schreiben,
Zimt in den Stollenteig verteilen.
Ob früh, ob spät oder am Tisch
Aufsetzen ein fröhliches Gesicht.
Darum sollte man beizeiten
Das nächste Weihnachten einfach umleiten.

60.
Prechtige Sesselweihnacht

Knecht Ruprecht saß
Allein,
Kerzenschein
Erhellte sein Zimmer.
Ein silberner Schimmer
Fiel von den Sternen
Und er ließ sich erwärmen,
Seinen Sessel zu verlassen.
Auf verschneiten Straßen
Rauschte er mit seinem Rentierschlitten,
Die Bitten
Der Kinder zu erfüllen.
Im Stillen
Dachte er an seine warme Stube,
An die Filzschuhe
Und dass die schweren Geschenke
Schlecht für seine Gelenke
Seien.
Da hörte es zu schneien
Auf und am Himmelsdach
Erschien die volle Pracht
Der Sternenschar.
Eh´ Knecht Ruprecht sich versah,
War die Arbeit getan,
Die Engel hatten ihm unter den Arm

Gegriffen.
Mit eiligen Schritten
Kehrte er zum Ofen zurück.
Den Blick
Auf das Feuer gerichtet,
Sichtet
Er noch die Bestellungen für das nächste
Jahr
Und war,
Als dann nach mühsamen Schaffen,
Für ein weiteres Jahr eingeschlafen.

61.
Prelüdierte Rauhnächte

Das Tor

Des Himmels öffnete sich. Der Engelchor
Sang mit einer Gewalt,
Dass selbst das Gebalk
Der Himmelstür dem nicht standhielt.
Der Stern von Bethlehem schielt
Schon durch die Wolken auf die Welt,
Auf dem Erdenzelt
Seinen rechten Platz zu finden.
Engelposaunen künden
Von der Geburt des Herrn.
Von fern
Machten sich die Könige auf den Weg,
Um nicht zu spät
Den Stall zu erreichen.
Überall Zeichen
Der Vorbereitung.
Das Himmelsrund
Wurde zur riesigen Bühne.
Mit emsiger Mühe
Probte jeder für seinen Auftritt.
Dann wurde das Kind auf die Erde geschickt.
Alles klappte wie am Schnürchen.
Am Ende Stille, nur ein Himmelstürchen
Blieb offen steh´n.

Dort konnten die Augen in den Himmel
seh´n.
Doch die Menschen dachten unverdrossen,
Der Himmel sei für immer verschlossen.

62.
Regenzerlaufene Weihnacht

In den letzten Winterwochen
Hatte es keine Schneeflocken
Gegeben.
Nur leichter Nieselregen
Und das kalte Segel
Vom grauen nassen Nebel
Fiel auf das Land.
Trotzdem legte sich das warme Band
Der Weihnacht unsichtbar auf die Erde.
„Damit Friede werde"
Stand auf ihm geschrieben.
Es gebot den Kriegen
Einhalt.
Leider galt
Dies nur für wenige Tage.
Dann zog die Plage
Des Alltags wieder durch die Straßen.
Für ein weiteres Jahr vergaßen
Die Menschen die Weihnachtsbotschaft
Und die Kraft,
Die in ihr steckte.

Wie oft weckte
Die Weihnacht sie noch auf,
Ohne dass sie ihr Haus
Dauerhaft auf diese Botschaft bauten,
Weil sie zwar sahen, doch nicht glaubten.

63.
Reiche Armut

Weihnachtsgaben!
Überladen
Die Tische der Reichen.
Die der Armen gleichen
Überall
Der Krippe im kargen Stall.

64.
Sekundenweihnacht

Zur Weihnacht schweigen
Neiden
Und Gier.
Für
Einen Augenblick
Ist uns das Glück
Anderer wichtiger.
Doch so sehr
Wir uns danach sehnen,
Dass dieses Leben
Ewig andauert,
Der Alltag lauert
An der Schwelle des Morgen.
Unsichtbare Wogen
Spülen das Weihnachtslicht
In die Ferne des Nichts,
Bis vom Himmelshorizont
Die nächste kurze Weihnacht aufkommt.

65.
Tierweihnacht

Weihnachtsbraten!
Den Tieren die harten
(Weihnachts-) Zeiten
Zu bereiten.

66.
Überraschte Weihnacht

Hirten schliefen
Engel riefen
Sterne blühten
Hände mühten
Herzen liebten
Sinne (ver)g(e)nügten
Alle dachten:
Oh, Weihnachten.

67.
Sternengelweihnacht

Weißt du wieviel Sterne
Weihnachten aufgeh´n?
Dass mit gold´ner Wärme
Sie uns sanft umweh´n?

Weißt du wieviel Bäume
Trennen sich vom Wald?
Damit uns're Träume
Häng´n an ihrem Kleid?

Weißt du wieviel Schlitten
Ruprecht mit sich zieht?
Dass er alle Bitten
Mit Gaben aufwiegt?

Alle Jahre wieder
Tönt das Weihnachtslied,
Steigen Engel nieder,
Dass es Frieden gibt!

68.
Verreimte Weihnacht

Weihnachten
Sachten
Prachten
Lachten
Machten
Masten
Umdachten
Unfasten

69.
Sterne(ver)sammlung

Weihnachten!
Alle Sterne brachten
Ihre Huldigung dem Herrn.
Von nah und fern
Waren sie von tausenden Sonnen
Gekommen,
Hatten ihren persönlichen Schatz,
Den seit ewig angestammten Platz,
Im All verlassen,
Um über Bethlehem´s engen Gassen
Auf den kleinen
Stall zu scheinen;
Dem Kind Ehre zu bringen,
Ihre Schwingen
Zu einem Schutzschild zu verbinden,
Um der Welt zu verkünden:
Das Kind ist geboren,
Sich uns, die wir verloren
Waren,
Zu erbarmen.

70.
Sternferne

Der Weihnachtsstern
Ist Weihnachten ganz nah und ganz fern.

71.
Strohteilung

Das Kind lag in der Krippe.
„Ach bitte,
Gib mir von dem Stroh",
Bat der Esel, „wo
Ich stehe ist es kalt.
Und bald
Werde ich Schnupfen haben.
Dir wird der Verlust nicht schaden,
Mit meinem warmen Atem
Werde ich Deine zarten
Ohren wärmen.
Ich kann Dir schwören,
Für uns beide wird es wärmer sein,
Als wenn einer allein
Die kargen Gaben nutzt".
Das Kind stutzt.
Wie klug ein Esel sein kann.
In der Zukunft will es irgendwann
Diese Geschichte erzählen,
Den Menschen das Teilen zu lehren.

72.
Gefriedete Weihnacht

Weihnachten!
Alle dachten,
Der Friede auf der Erde
Werde
Ewig bleiben,
Seinen Glanz ewig zeigen.
Doch als sich die Sterne entfernten,
Lärmten
Wieder Streit
Und Kriegsgeschrei
An allen Ecken.
Als die Schneedecken
Tauten,
Schauten
Alle das alte Chaos.
Bloß
Die Bürde des Weihnachtsfrieden'
War auf ihren Schultern geblieben.
Jeder würde damit durchs Leben schreiten,
Um nach diesen Erdenzeiten
Vor die Frage gestellt zu werden,
Was mit dem Weihnachtsfrieden auf Erden
Im eigenen Leben
Geschehen
War?

Eine unendliche Schar
Würde ratlos die Schultern heben.
Eine einfache Frage würde sie beschämen!

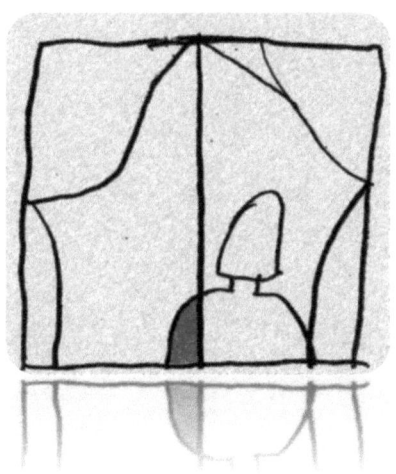

73.
Weihnachtsb(r)äuche

Weihnachtsbrauch!
Meistens nur für den Bauch.

74.
Nachtkind

Still die Nacht,
Die uns das Kind gebracht
Hat.
Statt
Circus und Trubel
Der ferne Jubel
Unzähliger Engelschöre.
Wie das leise Rauschen der Meere.
Nicht mit den Ohren zu hören,
Aber in jedem
Herzen zu spüren
Und als Licht zu fühlen.

75.
Verfrühte Weihnacht

Weihnachtsmorgen,
Im Haus war es unten, war es oben
Still.
Will
Denn niemand erwachen?
Die feinen Weihnachtssachen
Überzieh´n,
Um nachzuseh´n,
Ob Knecht Ruprecht schon da gewesen ist?
Gewiss
Sind unter dem Weihnachtsbaum
Viele bunte Sachen zu schau´n:
Ein Puppenwagen,
Ein Clown mit rotem Kragen,
Eine Eisenbahn,
Eine Ritterburg aus Marzipan.
Doch alles schläft.
Erst ein Blick auf die Uhr verrät,
Es ist noch mitten in der Nacht.
Ein Traum hatte den Weihnachtsbeginn
zu früh gebracht,
Dabei sollte er erst morgen
Vom Himmel oben

Auf die Erde fallen,
Um allen
Auf Engelsschwingen
Die Weihnacht zu bringen.

76.
Verwaiste Weihnacht

Lieber guter Weihnachtsmann,
Wir schau´n dich so traurig an,
Weil die Mutter nicht mehr ist.
Schläft sie jetzt im Himmel oben,
In den Wolken, uns verborgen,
Wo alles die Zeit vergisst?

Wer soll uns den Stollen backen,
Wer soll all die Nüsse hacken,
Unsern Weihnachtsbrief dir bring´n?
Wer wird wohl den Tannbaum schmücken,
Wird uns zieh´n auf einem Schlitten,
Mit uns Weihnachtslieder sing´n?

Lieber guter Weihnachtsmann
Bing´ uns keine Eisenbahn,
Keine Puppen, kein Lebkuchen!
Bring´ uns Mutters liebe Blicke,
Das ist uns´re einz´ge Bitte.
Lass uns nicht vergeblich rufen!

77.
Weihnachtskontrast

Weihnachtsengel!
Ein Stengel
Vanille
Für die Überfülle.
Ein Traum vom Weihnachtslicht
Für die, die Nichts
Haben.
Weder Licht noch Weihnachtsgaben.

78.
Weihnachtserde

Weihnacht.
Das Dach
Des Himmels küsste die Erde,
Auf dass es Friede werde.

79.
Zeitlose Mode

Weihnachtsmann!
Er kann
Auf die Mode pfeifen,
Denn seine Kostüme gleichen
Sich jedes Jahr
Auf´s Haar.

80.
Weihnachtsglut

Die Lichter im Haus
Waren aus-
gegangen.
Die Wangen
Der Kinder glühten noch im Schlaf.
Vom Himmel warf
Der Mond sein Licht auf die Erde.
Die Herde
Der Schafe schlief in der Dunkelheit.
Langsam schlich die Weihnachtszeit
Von dannen.
Über den Tannen
Zog ein leichter Wind.
Am nächsten Morgen beginnt
Wieder der alte Zeitenlauf.
Das Haus
Entschmückt sich.
Das Weihnachtslicht
Verschwindet wieder im Keller.
Und die Teller
Sind nicht mehr marzipangefüllt.
Das Weihnachtsbild
Zerrinnt
Und eine neue graue Zeit beginnt.

81.
Weihnachtshalt

Weihnacht,
Die Pracht
Der stummen Kirchen.
Alle Wege führten
In die alten Gemäuer,
Um an der Weihnachtsfeier
Teilzunehmen.
Das Leben
Hatte kurz innegehalten.
Engelgestalten,
Die armen Hirten,
Die drei Königsfürsten,
Alle erstanden,
In allen Landen
Den Menschen zu verkünden,
Wo sie das Kind finden.
Dann drehte sich die Welt weiter.
Nur ein verschneiter,
Verlassener Weihnachtsbaum
Erinnerte noch an den kurzen Weihnachts-
traum.

82.
Weihnachtskaleidoskop

Advent,
Ach Himmel send´
Die Weihnachtszeit,
Das weiße Kleid
Aus Frost und Schnee.
Den zugefror´nen See,
Knecht Ruprechts Schlitten,
Mit unseren Bitten
Voll gefüllt.
Das Bild
Der Hirten,
Die das Besondere spürten.
Den Stern
Über dem schweigenden Lärm.
Die Krippe im Stall.
Den Schall
Der Engelschöre.
Die geheimnisvolle Schwere,
Wenn Knecht Ruprecht durch den Wald
stampft.
Den Ofen mit der Weihnachtsgans… .

(zum Weiterfantasieren)

83.

Weihnachtskaufrausch

Füße strümpften durch das Land,
Kleine Finger an der Hand
Durchstreiften Menschen die Läden.
Sie hingen an den Fäden
Ihrer vielen Wünsche,
Die sie gerade noch über die Sümpfe
Ihrer Begierden hielten.
Die Finger durchwühlten
Unendliche Sonderangebote,
Während an der Himmelpforte
St. Claus müde stand.
Er streute Vergangenheitssand
Über die Welt.
Für einen Augenblick hält
Das Leben den Atem an,
Um sich dann,
Nach dem Erinnern der alten Zeit,
Wieder in die Sinnlosigkeit
Ihres Tuns zu stürzen -
Ohne davon das Geringste zu kürzen.

84.
<u>Weihnachtskerbe</u>

Weihnachtsbaum!
Das ganze Leben ist in ihm zu schau´n.
Und doch nur ein Traum,
Mit der Axt dem Leben abgehau´n.

85.
Weihnachtskreis

Am nächsten Tag war
Das
Fest vorbei.
Drei
Tage hatte es gewährt.
Unbeschwert
Waren die Stunden vergangen.
An langen
Abenden saßen die Familien zusammen.
Nun waren alle gegangen,
Nur die Stille blieb zurück.
Sein Blick
Ging ins Leere.
Eine lange schwere
Zeit lag vor ihm,
Tage, die nicht vorüberzieh´n
Würden,
Nächte, die ihn betrügen,
In der trügerischen Sicherheit wiegen
Werden,
Dass Weihnachten bald wieder auf Erden
Ist.
Ein Jahr, das die Stille vergisst
Und erst wieder aufwacht,
Wenn in einer dunklen Nacht

Wie von unsichtbarer Hand
Die nächste Weihnacht ins Land
Gebracht wird.

86.
Weihnachtslichtstille

Weihnachten!
Alle dachten
An Weihrauch und Myrrhe.
An die Quelle
Des Lebens dachte niemand mehr.
Ein Heer
Von Engeln war erschienen,
Seine Geburt zu verkünden.
Alle Sterne waren gekommen,
Mit Ihnen die Sonnen
Der Ewigkeit.
Um die Mitternachtszeit
Spürten
Die Hirten
Die seltsame Stille dieser Nacht.
„Alles schläft, einsam wacht"
Wurde noch immer gesungen,
Doch die Erinnerung war längst verschwun-
den.

87.
Weihnachtsmäuse

Weihnachtsmaus!
Wie aus
Versehen
Leben
Weihnachten viel mehr Mäuse
Im heimischen Gehäuse
Und sind nach den Weihnachtsstunden
Urplötzlich wieder verschwunden.

88.
Weihnachtsmarathon

Bin weit gezogen,
Vom Himmelsbogen
Über den verschneiten See.
Gewatet durch Sahnehäubchenschnee
Sind meine Füße geglitten,
Um den Schlitten
Mit allen Geschenken zu zieh´n.
Dafür hab´ ich das Blüh´n
Der Eisblumen gesehen,
Das Wehen
Des Wintersturms vernommen,
Bin durch verschneite Wälder gekommen,
Um beizeiten
Die Häuser der Kinder zu erreichen.
Was wohl auf meinem Schlitten ruht?
Ihr tut
Gut
Daran, noch ein Weilchen zu warten.
Wenn die ersten zarten
Schneeflocken fallen,
Schneeberge sich zu Türmen aufwallen
Und der klingende Rentierschlitten
Inmitten
Eurer Träume auftaucht,

Dann braucht
Es nur noch wenige Momente,
Bis ich euch die Geschenke,
Wie jede
Weihnacht, vor die Füße lege.

89.
Weihnachtsnest

Sie brachten den Baum ins Zimmer.
Bald überzog festlicher Schimmer
Die grünen Zweige.
Keiner hatte die nestliche Bleibe
Bemerkt.
Ein Nestwerk
Hatte sich im dichten Grün versteckt,
Wo sich jetzt unentdeckt
Ein verlassenes Vogelei im Kerzenschein
wärmte.
Am Weihnachtsmorgen lärmte
Es im Tannenbaum.
Doch nur beim genauen Hinschau´n
War das kleine Leben
Zwischen den schlafenden Engeln zu sehen.

90.
Weihnachtsparade

Weihnachten.
Alle lachten,
Als sie den kleinen Jungen sahen.
Seine Arme waren
Nur von einem T-Shirt bedeckt.
„Draußen leckt
Der Frost am Haus
Und du siehst aus,
Als wolltest du baden gehen",
Gab die Mutter ihm ärgerlich zu verstehen.
Doch jetzt lachte das Kind.
„Draußen sind
Alle Sterne gekommen,
Auch alle Sonnen,
Sich vor dem Stall zu zeigen.
Wieviel Grad wird die Temperatur bald
steigen,
Wenn alle Sonnen
Zusammengekommen
Sind".
Die Mutter beginnt,
Mit kindlichem Sehen
Die Weihnacht zu verstehen.

91.
Gestimmte Weihnacht

Weihnachtsmarkt!
Es zählt nur der Ertrag
Und
Keine Weihnachtsstimmung

92.
Weihnachtsro(u)te

Das Rufen
Der Kinder wurde von den Schlittschuh-
kufen
Unterbrochen.
Aus dem Schnee krochen
Zwei gewaltige Rentiere hervor.
Das Tor
Des Waldes öffnete sich,
Ins Licht
Der Weihnacht
Trat
Knecht Ruprecht.
Auf dem Schlitten süßes Zuckergebäck,
Neue Puppenkleider
Und leider,
Für das weniger Gute,
Eine winzige Rute.
Doch haben am Ende alle gestutzt,
Er hat die Rute nicht benutzt,
Weil er in jedem Kinde
Immer das Gute finde.

93.
Weihnachtsschlitten

Spürst du schon die Schlittenkufen
Auf dem ersten weißen Schnee,
Hörst der Weihnachtssterne Rufen,
Ihren Glanz auf dem Eissee.

Siehst die Tannen sich schon neigen,
Voll Erwartung aufgespannt.
Hörst Engel vom Himmel steigen,
Gold´ne Gaben in der Hand.

Hörst du schon, Knecht Ruprechts Schritte
Dringen aus dem dunklen Wald,
Da nun jedes Menschen Bitte
Nach dem Weihnachtsfest erschallt.

Soll die Zeit voll Frieden werden,
Vergessen der kleinste Streit,
Wenn hinabkommt auf die Erden
Nun die neue Weihnachtszeit.

94.
Weihnachtsspäher

Es war kurz vor Vier,
Als das Rentier
Vor unserem Haus hielt.
Jeder schielt
Aus Fensterritzen,
Die bunten Mützen
Des Tieres zu sehen.
Auf dem schweren
Schlitten stand ein großer Sack,
Vollgepackt
Mit tausend wundersamen Dingen.
Als die Rentierglocken wieder klingen,
Lagen
Die Gaben
Unter dem Tannenbaum.
Der kleine Raum
War mit Gold zugeschneit.
Die Zeit
Blieb einen Augenblick stehen.
Jeder wollte ihr wehren,
Dass sie sich in der stillen Nacht
Wieder heimlich fortmacht.

95.
Weihnachtsträne

Weihnacht!
Sacht
Wiegt die Mutter das Kind.
Die Engel sind
Längst schlafen gegangen,
Als über die Wangen
Der Mutter eine Träne rinnt.
Sie sinnt
Über das Schicksal des Kindes nach,
Wie der Engel zu ihr sprach.

96.
Weihnachtstuereien

Wie herrlich wird die Stube duften.
In allen Zimmerschluchten
Schaffen Viele bereits seit etlichen Tagen,
All die Weihnachtswaren
Herzustellen.
Mit schnellen
Schritten verschwindet mancher im Zimmer.
Ein weihnachtlicher Lichtschimmer
Dringt durch die Ritzen
Und die gespitzten
Ohren vernehmen Murmelgeflüster.
Noch steht der Tannenbaum düster
In der kalten Nacht.
Morgen wird er in die Stube gebracht,
Mit Äpfeln, Nüssen und Lametta verziert.
Jede nächste Stunde verliert
Ein Stückchen von ihrem Kleid.
Dann ist es endlich so weit.
Knecht Ruprecht steht polternd vor unserem
Haus
Und packt all die geheimnisvollen Geschenke
aus.

97.
Weiße Mutation

In der Christnacht fiel der erste Schnee.
Der kleine Waldsee
Überzog sich mit Eiskristallen
Und die Bäume in den Alleen
Zogen sich dicke weiße Mützen über.
Millionen Schneeflocken fielen nieder
Und verwandelten die weite Welt
In ein riesiges weißes Weihnachtszelt.
In den Wolken leises Glockenläuten,
Über den weiten
Feldern waren Schlittenspuren zu sehen.
Wie in jedem
Jahr zogen Rentiere durch´s Land.
Knecht Ruprecht hielt die Zügel in der
Hand,
Sein Bart rauschte im Wind
Und jedes Kind
Konnte den Weihnachtstraum
Mit seinem eigenen Herzen schau´n.

98.
Weite Zeit

Draußen legte sich der Himmel auf´s Land.
Den kalten grauen Sand
Bedeckte er mit weißem Schnee.
In jeder Stube stand wie eh und je
Ein buntgeschmückter Weihnachtsbaum.
Flauschiger, roter Mantelsaum
Quoll aus manchem Kleiderschrank hervor.
An keinem Haus wurde jetzt das Gartentor
Verschlossen.
Alle genossen
Den herrlichen weiten Frieden dieser Zeit.
Was eng und klein, wurde groß und weit,
Alle dunklen Schatten
Waren verschwunden und hatten
Kerzenschein Platz gemacht.
Endlich war sie da - die weite Wei(h)(ß)nacht.

99.
Wunderweihnacht

Weihnachtssack!
Jeder packt
Mehr aus als ein.
Wie kann das sein?

100.
Abgebäumte Weihnacht

Der Himmel ist so ferne,
Die Nacht ein dunkler Ort,
Gefloh´n die Lebenswärme,
Die Nacht ein leeres Boot.

Die grünen Bäume atmen
Ein letztes Mal die Luft,
Bald stirbt ihr Lebensgarten,
Weihnacht nach ihnen ruft.

Sie werden bunt bezogen,
Mit Gold, Lamettaglanz,
Mit rundem Kugelbogen,
Mit Kerzen, Engeltanz.

Es ist ein kurzes Leuchten,
Das Jahr bald weiterzieht,
Und alles Weihnachtsläuten
Für lange Zeit entflieht.

Dann bleibt nur kalte Leere,
Wo einstens war ihr Platz.
Keiner der vielen Wege
Führt noch zu ihrem Schatz.

101.
Zeitloser Wunsch

Lieber guter Weihnachtsmann!
Siehst du nicht den Kaufhauswahn?
Menschenmassen ohne End´,
Hemd, Krawatten, Seidenschal,
Herrensocken, noch ein Paar,
Die ganze Welt wird zum Geschenk.

Lieber guter Weihnachtsmann!
Schleppst die schwere Eisenbahn,
Holzbauklötzer ohne Zahl.
Schleppst die schweren Puppenstuben,
Fußballschuhe für den Buben
Mit der großen Helferschar.

Lieber guter Weihnachtsmann!
Wenn ich mir was wünschen kann,
Von den Eltern wünsch´ ich Zeit:
Einfach auf dem Sofa sitzen,
Durch die Phantasiewelt flitzen,
Dass es so für immer bleibt.

Inhaltsverzeichnis

nach Nummern

Biografie

Renier-Fréduman Mundil (Pseudonym) ist seit 40 Jahren Arzt, jetzt nach dem Ende des Berufslebens gräbt er verstaubte Manuskripte aus seinen vollgestopften Schubläden, die seine Frau anschließend in Kostüme bemalter Buchdeckel steckt, damit sie allein durch eine seltsam gewordene aber immer interessant und spannend gebliebene Welt spazieren können. Der Verfasser würde sich freuen, kehrten davon einige zurück, um ihm von ihren Reiseerlebnissen zu erzählen, besonders ihren Reisen durch die Weihnachtswelt.

Es ist viel darüber nachgedacht worden, wie diese Welt besser gemacht werden könnte oder wie es zu verhindern wäre, sie durch z.b. Kriege zu zerstören. Um Letzteres zu erreichen, hat jemand vorgeschlagen, jeden Menschen in einem Hubschrauber über New York zu fliegen. Um Ersteres zu erreichen hat jemand vorgeschlagen, dass sich jeder Mensch einmal die 9. Sinfonie von Beethoven anhört. Manches wird als Salz der Suppe bezeichnet. Kinder mit Salz zu vergleichen verbietet sich zwar, aber um dennoch in diesem Bild zu bleiben: Weihnachten ohne Kinder ist nicht wie eine Suppe ohne Salz; Weihnachten ohne Kinder ist ein leerer Teller, ohne Salz, ohne Suppe. Zu den oben aufgeführten Vorschlägen zurückkehrend:

Um Weihnachten besser zu machen, sollte nicht gestattet werden, dass irgendein Erwachsener Weihnachten ohne ein Kind feiert. In diesem Sinne ist dem Verfasser im Leben das Vorrecht zuteil geworden, 24 Kinder zu haben (nicht erschrecken, vier eigene, vier Schwiegerkinder und 16 Enkelkinder). Diese Erfahrung lässt sich in eine einfache mathematische Formel bringen. Je mehr Kinder zu Weihnachten anwesend waren, desto schöner war die Weihnacht. Im Gegensatz zu Anderem in diesem Buch ist dies eine nicht „erdichtete" Aussage. Um, wie in der Mathematik üblich, den Beweis dieser Aussage anzutreten, ist einigen Gedichten ein Bild aus junger Feder beigefügt worden.

Neben einer Reihe anderer Veröffentlichungen hat der Autor auch folgende Gedicht- und Prosabände veröffentlicht:

Die Christyllische Weihnacht –
Weihnachten wie immer (und) anders

27 Kurzgeschichten mit je einem Bild, zu jedem Tag vom 1.-26. sowie 31. Dezember; sehr abwechslungsreiche Geschichten von Weihnachten im Kaufhaus, bei den Schildbürgern, in einem neuen Märchen, als Science-Fiction und Weihnachtsgeschichten zur Zeit der Geburt Jesu. So abwechslungsreich, dass für jeden und jedes Alter etwas dabei ist (auch in Englisch erhältlich

Aventsschilda
Die EULENde SPIEGEL-Weihnacht
Weihnachtsgeschichten mit und ohne Eulenspiegel in Schilda, bereichert durch weihnachtliche Gedichte. Zu lesen wie ein Adventskalender.

Die EULENde SPIEGEL-Weihnacht
Weihnachtsgeschichten mit und ohne Eulenspiegel in Schilda, bereichert durch weihnachtliche Gedichte. Zu lesen wie ein Adventskalender.

Schwarzbart's kandidelte Adventsgeschichten
Der alte Seekapitän erzählt fantastische Advents-geschichten voller Fantasie, bereichert durch weihnachtliche Gedichte. Zu lesen wie ein Advents-kalender.

Ein denkwürdiger Adventskalender
Das schönste am Fest war der Adventskalender. Jedes Jahr freute er sich auf diese verkleidete, geheimnisvolle süße Gabe. Draußen die bunten Bilder, die versteckten Türchen, Zahlen, die zwischen Engeln, Krippen und Weihnachtsmännern umherschwirrten. So war es jedes Jahr, aber dann stimmt irgendetwas nicht. Dies erzählt die Geschichte um einen ganz besonderen Advents-kalender voller Überraschung.

Die Insel der Figuren

Roman. Ein kleines Mädchen in Japan bekommt zum Geburtstag von ihrem Vater eine Puppe geschenkt. Als das Mädchen älter ist, wird die Puppe in einem kleinen Boot auf die Wellen des Meeres gesetzt. Offensichtlich eine Tradition ins Erwachsenenalter.

Einige Zeit später reist ein anderes Mädchen ihrer verschwundenen Puppe hinterher, eine spannende abenteuerliche Reise mit einem ungewöhnlichen überraschenden Ende beginnt.

Manu's Reise mit dem Tod - eine Fuge durch die Zeit

Roman, 256 Seiten, verschiedene Lebenslinien aus dem Leben einer Frau, fugenartig verwoben, Ereignisse des Todes in ihrem Leben und ein weiterer Handlungsstrang über verschiedene Rituale zur Zeit des Todes in verschiedenen Kulturen (auch in Englisch erhältlich „Manu´s Journey with Death").

GeGlichenes

Die folgende Sammlung in 4 Bänden enthält etwas über 60 Kurzgeschichten, jede Kurzgeschichte baut auf einer aus dem Neuen Testament stammenden Bibelstelle gleichnishaft auf und ist auf unsere Zeit übertragen. Zwischen den Geschichten findet sich jeweils ein Aphorismus oder ein Gedicht.

Ostern- Gedichte zur Osterzeit

43 Gedichte mit christlichen Inhalten von Gründonnerstag bis zur Auferstehung Jesu, durchsetzt mit gedankenvollen Aphorismen.

Hinter dunklen Himmelswolken – Gedichte in Zeiten der Trauer

74 Gedichte über Tod, Sterben, Hoffnung, Zuversicht, das Danach.

Der erdenkliche Mensch - Das Du im Ich

55 Gedichte, dazwischen Aphorismen, die sich nachdenklich und kritisch mit liebgewonnenen menschlichen Verhalten auseinandersetzen.

Das Moooondschaaaaf (monatlich durch das Jahr)

Für jeden Tag eines Monats ein Gedicht aus Sicht eines auf dem Mond lebenden Schafs, das humorvoll, kritisch, skeptisch und wiedererkennend unsere Erde beäugt; zwischen jedem Gedicht ein Aphorismus; mit passenden lustigen Bildern aus Kinderhand; auch als Geburtstagsgeschenk für den passenden Geburtstagsmonat geeignet.

Ein KESSEL Bunte GeDichte

Ein Kessel bunter Gedichte, unterbrochen von kurzen Aphorismen – eben wie in einem großen bunten Kessel, wenn es heißt: tüchtig rühren, Kelle rein, sich überraschen (pardon inspirieren) lassen, was auf den Teller kommt.